L'ESPRIT PUBLIC

EN

PROVINCE

L'ESPRIT PUBLIC

EN

PROVINCE

PAR

Albert CARETTE

L'Esprit public à Abbeville.

Abbeville, Amiens, Rouen, etc., villes libres.

La France au XIXe siècle : Bourbons, d'Orléans et Bonapartes.

Napoléon III et la France libérale : la Guerre de 1870.

Le Gouvernement de la Défense nationale.

Intrigues des partis monarchiques : scission entre Paris et la Commune.

L'Internationale, le Comité central et la Commune :

le second Siége de Paris.

Nécessité de conserver la République : le Discours de M. Thiers.

Le parti républicain conservateur.

Conclusion.

ABBEVILLE

VITOUX, LIBRAIRE-EDITEUR

31, Rue des Lingers

Et chez tous les Libraires

1871

L'ESPRIT PUBLIC

EN

PROVINCE

I

L'esprit public à Abbeville semble peu favorablement disposé en faveur de la forme républicaine. Si la France, ce qu'à Dieu ne plaise, devenait un jour ce que furent si longtemps l'Allemagne et l'Italie, un ensemble d'Etats juxtaposés et indépendants les uns des autres plutôt qu'une grande nation unie, et qu'Abbeville, entourée de ses neuf cantons ruraux, formât l'un de ces états en miniature, il ne faudrait pas s'attendre à y voir fleurir, comme dans une terre préparée à l'avance pour les recevoir, les institutions démocratiques. Et si le comte de Chambord, le comte de Paris, et même la majesté déchue, qui, après Sedan, alla se reposer de ses fatigues à Wilhelmshœhe, ne dédaignaient pas de venir s'y poser en prétendants, la voix des républicains aurait bien peu de chance d'être écoutée, quand elle proposerait à nos échevins de leur fermer les portes de la ville. Tout au plus accueillerait-on quelque protestation bien timide et bien respectueuse, destinée à sauvegarder, en apparence, les droits du suffrage universel, ce souverain complaisant qui, en véritable roi constitutionnel, ne refuse jamais son approbation, surtout lorsqu'on a la prudence de ne la lui demander qu'après coup.

En fait, sur la question de savoir quel serait le candidat préféré, il y aurait lutte entre les trois castes qui, quatre-vingts après la révolution française, se partagent le sol de notre bonne ville d'Abbeville et des cantons d'alentour, la *noblesse*, la *bourgeoisie* et le *peuple*, pour les distinguer comme il est d'usage de le faire. Nous n'entendons, du reste, ranger absolument parmi ces trois castes que ceux qui, aujourd'hui encore, s'y rangent volontiers d'eux-mêmes. Pour nous, nous serions assez disposé à n'en reconnaître qu'une seule, que nous appellerions simplement la Nation, et dans laquelle nous ne voudrions voir d'autres supériorités reconnues que celles de l'éducation, de l'intelligence, du mérite personnel. On sent assez que l'égalité, ainsi comprise, n'a rien de commun avec celle que rêvent les communistes.

La noblesse soutiendrait vraisemblablement le comte de Chambord, tandis que la bourgeoisie se rallierait aux princes d'Orléans.

Le peuple, c'est-à-dire l'immense majorité des citoyens, que le peu de progrès de l'instruction a laissée jusqu'à ce jour si en arrière des deux autres classes, serait vivement sollicité dans l'un et l'autre sens.

Mais la bourgeoisie et la noblesse réunies auraient beaucoup de peine à empêcher les paysans de nos campagnes de porter leurs voix sur un troisième candidat, celui auquel nous sommes redevables du deux-décembre, de la troisième invasion et du démembrement du territoire.

Cependant si l'on considère le nombre relativement considérable de légitimistes qui sont arrivés à la Chambre à la suite des dernières élections générales, si l'on songe à l'appui que ne manquerait pas de leur prêter la majeure partie du clergé, principalement dans les campagnes, on peut supposer que le comte de Chambord passerait le premier. Il serait couronné en grande pompe à l'Hôtel-de-Ville et s'intitulerait *comte héréditaire de Ponthieu, seigneur du Vimeu,* etc, par la grâce de Dieu, la volonté nationale restant sous-entendue.

Mais une fois établi, le trône du comte de Chambord se consoliderait difficilement. D'une part le clergé, auquel il devrait en partie sa modeste restauration, tendrait à le pousser dans des voies plus ultramontaines que gallicanes et par conséquent plus réactionnaires que libérales : suivant toute apparence, il trouverait une médiocre résistance à ses prétentions dans les tendances personnelles du prince. D'autre part les orléanistes, s'appuyant sur la partie commerçante de la population, toujours un peu frondeuse et voltairienne, le battraient constamment en brèche au nom des principes parlementaires. Le résultat de ces tiraillements serait infailliblement une révolution de 1830, qui mettrait au bout de peu d'années un d'Orléans aux lieu et place du comte de Chambord ; à moins que par suite d'une *fusion*, qui actuellement est bien plus dans les mots que dans les choses, celui-ci ne consentit de lui-même à cesser d'être roi.

Il est facile de prévoir que les partisans de la monarchie pure ne se résigneraient pas volontiers à la déchéance de leur chef légitime et n'hésiteràient pas à profiter du moindre mouvement populaire qui pourrait se produire pour tâcher de reprendre le dessus. D'un autre côté, l'on s'apercevrait bien, à la première occasion, que la légende napoléonienne n'a pas entièrement perdu son prestige. Abbeville, tout comme le Paris de nos jours, aurait ses *ruraux*, composés des 130,000 habitants qui peuplent l'arrondissement autour d'elle. Le suffrage universel, pour peu qu'il restât aussi imparfaitement éclairé qu'il l'a été jusqu'à ce jour, ne pourrait-il pas s'égarer une fois de plus et sanctionner, lorsqu'elle serait passée à l'état de fait accompli, quelque nouvelle *entreprise* tendant à nous ramener, sur un théâtre plus restreint, aux douceurs du régime impérial ? Nous nous sommes placés dans l'hypothèse où les prétendants qui se disputent notre pauvre France ne trouveraient pas trop au-dessous de leur dignité de venir régner dans le petit état d'Abbeville, image très-affaiblie de la grande patrie. Tout porte à croire que cet oiseau de malheur qu'on appelle l'aigle aurait son tour, lui aussi, et que de clocher en clocher il pourrait lui être donné encore de voler, par une belle nuit, jusqu'aux tours de Saint-Vulfran, quitte à déranger dans ses respectables occupations le guetteur traditionnel de notre antique collégiale.

Abbeville, tout en étant la cité paisible par excellence, ne supporte pas sans quelque aigreur le même Sous-Préfet ou le même Maire pendant vingt ans. Il n'est donc pas probable qu'elle laisserait tranquillement se succéder les Bonaparte dans le gouvernement de l'état abbevillois, d'autant plus qu'orléanistes et légitimistes passeraient le temps à prêcher les avantages d'un changement de dynastie. Ainsi après bien des révolutions, toujours suivies de restaurations éphémères, à propos desquelles tantôt la ville, se disant plus éclairée, accuserait les instincts rétrogrades des campagnes ; tantôt les campagnes, se croyant plus pratiques, condamneraient les tendances indisciplinées de la ville, on en arriverait à reconnaître l'impossibilité d'arriver à quelque chose de stable.

Alors les républicains, qu'on traite aujourd'hui indistinctement de rêveurs et d'utopistes, apparaîtraient comme seuls capables d'apporter une solution raisonnable et pratique à des difficultés sans cesse renaissantes. Le propre de la République étant de remplacer le gouvernement d'un homme et d'un parti par celui de la nation elle-même, elle s'imposerait comme le moyen naturel de couper court à des prétentions également inconciliables et ne tarderait pas à rallier les meilleurs esprits. Elle se montrerait aux yeux dessillés de tous ce qu'elle est réellement,

le régime politique le plus propre à assurer l'ordre
sans la tyrannie, la liberté sans la licence. Comme
elle favoriserait le progrès moral et matériel, comme
elle ouvrirait un large essor à toutes les ambitions
légitimes, à toutes les aspirations les plus nobles de
l'humanité, elle serait d'autant plus forte pour combattre et au besoin pour réprimer avec la dernière
rigueur les tentatives criminelles d'un petit nombre
d'êtres pervertis : car il est à craindre qu'il s'en
rencontre toujours quelques-uns au sein de nos so-
ciétés modernes, comme une preuve vivante de l'im-
perfection à laquelle elles sont condamnées, ainsi que
toutes les choses de ce monde. Mais les efforts désespérés d'une poignée de malfaiteurs incorrigibles
n'auraient plus aucune chance de prévaloir, ne fut-ce
qu'un instant, contre la résistance des bons citoyens
étroitement unis. Le petit état d'Abbeville entrerait
alors dans une période de paix, de bien-être, d'activité féconde, qui lui permettrait peut-être de pré-
tendre, dans la limite de ses moyens d'action et de sa
situation géographique, à la prospérité vraiment
merveilleuse de certaines républiques de l'Italie au
moyen-âge et de presque toutes les villes libres de la
Confédération germanique, jusqu'au jour où l'insatia-
ble ambition de la monarchie prussienne anéantit
leur indépendance.

II

Ce que nous avons dit d'Abbeville pourrait s'appliquer aussi bien à Amiens, à Boulogne, à Rouen, à toutes les villes un peu importantes de France qui, si elles n'avaient plus d'autre ressource que celle de se constituer en villes libres, à la suite d'une série de calamités nationales que Dieu nous épargnera sans doute, grouperaient autour d'elles toutes les fractions du territoire. En supposant dans chacune d'elles l'antagonisme des partis dynastiques, cet antagonisme aurait fatalement pour conséquence, à un moment donné, l'adoption de la forme républicaine. C'est ainsi que cette forme de gouvernement s'implanta peu à peu, à la suite de déchirements monarchiques sans nombre, dans presque tous les petits Etats de l'ancienne Grèce, dont quelques-uns étaient certainement moins grands que l'arrondissement d'Abbeville, ce qui ne les a pas empêchés de jouer un rôle brillant dans l'histoire de la civilisation. Qu'on ne nous accuse pas d'aller chercher des points de comparaison trop loin. Partout et à toutes les époques les mêmes causes produisent les mêmes effets. Ce n'est pas d'aujourd'hui qu'on a reconnu dans les Français modernes beaucoup des instincts, des tendances, des qualités et malheureusement aussi des défauts des Grecs d'autrefois. D'ailleurs ceux qui savent à fond leur histoire de France se rappelleront l'éclat que jetèrent au moyen-âge plusieurs de nos cités du Midi, telles que

Lyon, Marseille, etc., lorsqu'elles étaient de véritables républiques indépendantes sous la suzeraineté nominale du Saint-Empire.

III

Nous avons hâte de sortir du domaine des suppositions pour entrer dans celui de la réalité. Voyons le spectacle que depuis trois quarts de siècle a donné au monde la France, notre grande patrie. Rien n'a égalé la persistance des prétendants à profiter de tous les malheurs publics pour faire admettre, chacun à son tour, leurs candidatures rivales, si ce n'est l'obstination du pays à les rejeter de son sein après des essais plus ou moins prolongés, mais toujours infructueux. De toutes les monarchies qui ont été fondées depuis le commencement de ce siècle, en est-il une qui se soit, nous ne dirons pas assise, mais maintenue assez longtemps debout pour que le principe absurde de l'hérédité monarchique ait pu avoir son application une seule fois ? Napoléon Ier, empereur des Français, roi d'Italie, sacré par Pie VII, salué par son Sénat du nom de Grand, tombe en 1814, à la suite de revers qui n'ont été dépassés que de nos jours. Les Français laissent emmener à Vienne le roi de Rome, désigné d'avance pour lui succéder. Dix mois après, Louis XVIII, chassé une première fois, ne doit sa restauration qu'aux baïonnettes étrangères. Le faible Charles X, doublement sacré roi de France

par la main de l'archevêque de Reims et par les
chants enthousiastes de nos deux premiers poètes
lyriques, perd en 1830 sa couronne. Qui donc, je le
demande à tous les Français, s'opposa à l'élévation
au trône du duc de Bordeaux, en faveur de qui
Charles X et le duc d'Angoulême avaient abdiqué,
sinon les Français eux-mêmes? Le même fait se
répète en 1848, lors de la chute du roi Louis-Philippe,
qui avait tenté, avec plus de bonne foi peut-être,
l'alliance impossible de la royauté et de la démocratie.
Enfin le dernier venu de nos souverains, Napoléon III,
après avoir vu son usurpation ratifiée à trois reprises
par des millions de suffrages, a été précipité du trône
à son tour. Il a pu entendre, du fond de son exil,
l'Assemblée nationale confirmer sans discussion sa
déchéance. Nul, même parmi les rares amis qui lui
sont restés dans le malheur, n'a songé à faire une
réserve en faveur des droits du prince impérial, héri-
tier de la couronne aux termes de la Constituante et
absolument innocent de tout ce qu'on pouvait imputer
à son père. Ici nous demanderons au lecteur la per-
mission d'ouvrir une parenthèse et d'emprunter, pour
lui dire quelques mots du dernier règne, le langage
que tiendra peut-être un jour l'histoire impartiale,
lorsque les colères, les haines, les ressentiments
politiques de toute nature se seront affaiblis.

IV

On peut dire que jamais dynastie, dans notre France du dix-neuvième siècle, n'a eu la partie plus belle que la dynastie impériale en 1861. L'heureux succès des guerres de Crimée et d'Italie, l'annexion de la Savoie et de Nice avaient favorablement disposé beaucoup d'esprits. Le décret du 24 novembre 1860, qui rétablissait la publicité des débats des Chambres et rappelait les ministres à la tribune, semblait devoir être la préface de nouvelles et importantes concessions. Il y a en France plus d'hommes modérés et pratiques qu'on ne le croit communément. Entre ceux qui, implacables dans leur ressentiment contre le despotisme victorieux, refusaient d'accepter même la fin de leur captivité ou de leur exil de l'homme qui avait fait le *deux décembre*, et ceux qui, impitoyables dans leur rancune contre la liberté vaincue, s'indignaient à la seule pensée de la voir renaître, il ne tarda pas à se former une sorte de tiers-parti. Désespérés du peu de résultats de nos révolutions successives, un grand nombre de citoyens consentaient à oublier sur quelles tristes assises s'était bâti l'Empire, à condition que cette liberté, poursuivie par nous depuis trois quarts de siècle, vînt couronner l'édifice comme on l'avait promis.

Il n'est pas sans intérêt de se demander quelle fut alors l'attitude de la génération nouvelle, nous voulons parler de celle qui, arrivée à l'âge d'homme en

1860, subissait l'Empire sans avoir aucunement à se reprocher de l'avoir établi ou laissé s'établir. Disons d'abord que cette jeunesse était au fond presque tout entière républicaine. Elle se divisait cependant sur la question de savoir si l'on devait rejeter de parti pris tout ce qui venait de l'Empire, ou si au contraire il n'était pas plus sage d'accepter le progrès de quelque part qu'il vint. L'auteur de cette brochure ne saurait être accusé d'avoir tenté alors une opposition systématique, lui qui écrivait au commencement de 1861 : « Les Républicains ne doivent pas se dissi-
» muler que leur parti est en ce moment fort affaibli.
» .... Il y a quelque chose de pis que d'avoir tort,
» c'est de paraître avoir tort, et ils sont dans ce
» cas.... Les Monarchistes et les Républicains
» d'Italie se sont alliés pour faire l'Italie une; que les
» Républicains et les Monarchistes de France se
» réunissent pour faire la France libre (1). ... »
Un peu plus loin il ajoutait : « Une nouvelle géné-
» ration s'élève, dont le bruit des fusillades de février
» a troublé les premiers jeux. Au moment où elle se
» dispose à réclamer sa part de droits et d'activité
» dans la vie politique, que le trop long désaccord
» de ceux qui l'ont précédée ne lui soit pas un encou-
» ragement à de nouvelles discordes. Si jamais elle
» pouvait être tentée de saisir à son tour les armes
» paternelles, si elle pouvait hésiter un moment entre
» l'ordre et les barricades, entre la paix intérieure et
» la guerre civile, que le spectacle des rivaux de

(1) *Napoléon III et la France libérale*, p. 19, 20.

» 1848, pleurant leur erreur sur le champ de leur
» commune défaite, les lui fasse pour toujours tomber
» des mains (1) ».

Ceux d'entre nos concitoyens qui ont pris connaissance de la brochure à laquelle il est fait allusion ici, ont pu constater depuis que, pendant toute la période comprise entre 1860 et 1870, les prévisions de l'auteur s'étaient réalisées de point en point. Le tiers parti ne cessa pas de grandir et finit par devenir, en apparence, maître de la situation. On n'a pas oublié les applaudissements presque unanimes qui saluèrent dans la presse et dans le pays l'avénement au ministère de MM. Emile Ollivier, Buffet et Daru. Ce fut comme le signal d'une sorte de fusion des divers partis libéraux en un seul. L'un des plus brillants écrivains de l'école orléaniste, M. Prévost-Paradol, accepta une mission aux Etats-Unis. Un autre, M. Weiss, devint secrétaire-général du ministère des Beaux-Arts. M. Laboulaye, l'auteur de l'excellent livre intitulé *Paris en Amérique,* fit connaître publiquement son intention de répondre *oui* au prochain plébiscite. Le nombre immense de suffrages donnés à l'Empire, ou plutôt au couronnement de l'édifice impérial par l'établissement du régime parlementaire, prouva combien la France, au fond, était confiante et facilement gouvernable. Il se produisit un autre fait qui n'a peut-être pas assez été remarqué. Paris lui-même, quoique resté dans l'opposition, accorda à l'Empire parlementaire deux fois autant de

(1) *Napoléon III et la France libérale,* p. 25.

voix que les candidats du gouvernement en avaient obtenues aux élections générales précédentes. Ces événements ne sont que d'hier, et il semble qu'un siècle nous en sépare.

L'intervention de la Providence semblera peut-être à quelques uns des sectateurs obstinés du système monarchique un moyen commode d'expliquer les catastrophes qui suivirent. Mais nous croyons que Dieu en donnant à l'homme sa liberté d'action, a entendu lui laisser l'entière responsabilité de ses actes dont les conséquences bonnes ou mauvaises, en se déroulant avec le temps, sont précisément la juste récompense ou la punition méritée. Or, la nation française, qui avait été rendue à elle-même en 1848, avait commis la faute d'abdiquer, dans un jour d'effroi, toute initiative, toute spontanéité entre les mains d'un homme, lequel s'était chargé de penser et de vouloir pour elle. — Mal réveillée après 20 ans de son long sommeil, elle laissait à l'empereur Napoléon III le droit de paix et de guerre, c'est-à-dire le droit de vie ou de mort sur elle-même. L'inutile, injuste et impolitique expédition du Mexique, hypocritement entreprise sans l'aveu des Chambres et terminée d'une manière si peu honorable pour nous, était un avertissement dont nous n'avions pas su profiter. Tout en s'entourant de ministres soi-disant parlementaires, le souverain gardait par devers lui toute la réalité du pouvoir, avec le correctif d'une responsabilité personnelle bien illusoire, puisqu'il entendait nous imposer à perpétuité, non seulement lui-même, mais ses enfants et petits-enfants, ses neveux et petits-neveux à l'infini. Qu'on joigne à cela le développement exagéré du luxe, la corruption des mœurs, l'abaissement des caractères, toutes conséquences nécessaires du séjour prolongé des Majestés, des Altesses et des Courtisans au sein d'un peuple pénétré du sentiment de l'égalité et qui n'entend pas laisser à ses maîtres le privilège des plaisirs et des jouissances matérielles. On ne s'étonnera plus qu'une aussi complète décadence morale ait fini par amener notre décadence politique, et que la France, attaquée à l'improviste et précipitée du haut de son orgueil, n'ait plus trouver en elle-même la force de se relever.

Oui l'orgueil nous restait encore; car il faut avoir le courage, ou plutôt la fierté de le reconnaître, la guerre de 1870 ne fut pas impopulaire. La politique impériale avait porté ses fruits. Pendant que nos meilleurs soldats allaient se faire tuer à plusieurs milliers de lieues de nos frontières pour introniser l'infortuné Maximilien à la place du président légitime de la république mexicaine, la Prusse préparait ses moyens d'action et faisait un premier essai de sa puissance en écrasant le Danemark, notre allié fidèle. Puis vint la guerre de 1866, avec le coup de tonnerre de Sadowa. L'opinion s'émut et la majorité de la gauche, qu'on a accusée à tort d'avoir mis obstacle aux préparatifs militaires, commença à réclamer à chaque session l'obligation du service militaire pour tous les Français. Le gouvernement aima mieux adopter un système bâtard, qui affaiblissait l'armée

sans autre compensation que l'adjonction d'une apparence de garde mobile, et qui épargnait à tous les fils
de famille le sacrifice de ces habitudes de mollesse,
dans lesquelles la politique dynastique se plaisait à
les entretenir. Pour la transformation de l'armement
et du matériel de guerre, on s'en rapporta comme
toujours à l'activité réputée intelligente du souverain.
Des années furent perdues ainsi. Puis un beau jour
ce souverain, par la bouche de ses ministres, montra
à la France la Prusse debout, formidable et mena-
çante, que dis-je, insultant à dessein la nation française et il ajouta : chevaux, armes, canons, tout est
prêt pour le châtiment; nos régiments sont au complet et n'attendent plus que le signal. La France le
crut, ferma les yeux et se jeta dans l'abîme.

Nous n'entreprendrons point ici le triste récit de
nos désastres. Constatons seulement qu'on ne peut
reprocher à la France de s'être, dès le début, divisée
en face d'un ennemi vainqueur. Même après nos
premières défaites, la voix des partis continua quelque temps de se taire. Les républicains, qui voyaient la
France entraînée à sa ruine par celui-là même qui les
avait trahis et proscrits au deux décembre, comptaient
dans leurs rangs, parmi leurs chefs les plus écoutés,
des hommes qui leur conseillèrent d'attendre, ou
plutôt d'oublier tout pour ne songer qu'au salut de
la commune patrie. Oui si Napoléon, si cet homme
que des flatteurs à gage avaient osé qualifier de pro-
videntiel, avait eu au moins, à défaut de tout autre
mérite, le courage d'un soldat, il eut trouvé des répu-

blicains pour mourir à côté de lui. Il préféra se rendre et livrer avec lui l'armée qui était notre dernier espoir.

La France consternée comprit que le moment était venu de chercher à se sauver elle-même, comme elle l'avait fait une première fois en 1792. Les députés de la gauche, poussés par la grande voix du peuple de Paris et par un mouvement irrésistible de l'opinion publique, proclamèrent le gouvernement républicain, qui fut universellement accepté par les départements.

V

Nous nous sommes efforcé de rester dans les limites de la plus stricte impartialité envers les hommes et les choses de l'Empire déchu. Nous ne voulons pas nous montrer plus indulgent qu'il ne convient envers les hommes et les choses de la République renaissante.

La France était abattue, envahie, privée de ses armées, mais non encore dépourvue de ressources. La nouvelle forme de gouvernement était éminemment propre à surexciter le sentiment national dans l'intérêt de la défense commune. Un suprême effort fut tenté et tandis que les trois cent mille hommes qui formaient notre armée régulière s'étaient fondus en trois semaines, la République sans soldats résista à douze cent mille soldats allemands pendant cinq mois encore ! Pendant ces cinq mois, sans doute, de

grandes fautes furent commises. Les républicains sin-
cères, qui ne font jamais leur dieu d'un homme, n'ont
pas été les derniers à les signaler. Dans Paris, tout
en rendant justice au dévouement, à la parfaite hono-
rabilité du général Trochu, on peut lui reprocher
d'avoir manqué d'énergie, d'initiative, d'intelligence
pratique. Il ne sut pas tirer un parti suffisant de la
garde nationale, cette immense force organisée, qui
devait démentir plus tard, d'une manière si terrible,
l'opinion qu'il s'obstinait à garder de son impuis-
sance. Enfin lui et ses collègues devaient au moins,
dès le début, s'entourer d'un conseil librement élu par
toutes les classes de la population parisienne. Pendant et après le siège, que de malheurs eussent été
évités si l'on eut pris cette sage précaution !

En province, le gouvernement de la Défense nationale eut le tort, le tort très grave, comme l'a dit
M. Thiers, de ne pas vouloir convoquer une Assemblée. L'opinion eut été ainsi mise en demeure de se
prononcer ouvertement pour ou contre la continuation
de la guerre. Si alors les partisans de la lutte à
outrance l'avaient emporté, combien la magnifique
parole de Jules Favre eut-elle trouvé plus d'écho dans
le cœur d'un peuple auquel une résolution unanime
eut communiqué cet esprit de sacrifice qui nous a
trop fait défaut, ayons l'humilité d'en convenir.

On accuse encore Gambetta, ministre de la guerre,
d'avoir trop présumé de sa capacité dans une spécia-
lité qui n'était pas la sienne. Il nous eut fallu un
Carnot, mais ce Carnot ne se trouva pas. Sachons

gré du moins à Gambetta d'avoir déployé une activité surhumaine, et soyons assez maîtres de nous pour
épargner l'outrage après sa chute à celui de tous les
Français qui désespéra le moins du salut de la patrie.

Vint la paix, la paix désastreuse que cinq mois
d'efforts gigantesques n'avaient pu conjurer, mais
dont ils atténuaient du moins la honte.

VI

A peine les préliminaires de cette paix étaient-ils
signés que les partis monarchiques commencèrent à
s'agiter. Légitimistes et Orléanistes se coalisèrent
pour remettre, d'un commun accord, la France en
tutelle aux mains des Bourbons. Paris républicain
gênait. On prit le parti d'être ingrat envers lui, d'oublier sa longue et patriotique résistance, de nier son
courage et sa résignation cependant admirables, de
ne lui tenir aucun compte de ce qu'il avait souffert.
On alla jusqu'à reprocher aux Parisiens, non sans
amertume, de n'avoir pas à eux seuls, lorsqu'ils
étaient assiégés et soumis au blocus le plus rigoureux,
délivré trente-six millions d'hommes et quatre-vingt-
huit départements. Le *vae victis*, que M. de Bismark
avait fait retentir à l'oreille de Jules Favre, en l'ap-
pliquant à la France entière, retomba de tout son poids
sur la capitale vaincue, mais non domptée, et digne
encore dans sa défaite. Quelques Français, qui avaient
fui le sol natal pour ne pas avoir à le défendre, s'em-

pressèrent de faire chorus et donnèrent à Paris agonisant le coup de pied de l'âne.

En même temps, dans certaines provinces, on affectait de déconsidérer les républicains, sans en excepter ceux qui jusqu'à la dernière heure avaient soutenu le plus intrépidement la lutte contre l'étranger. Le mot d'ordre fut donné de crier à l'impossibilité de maintenir la République faute de républicains honnêtes, comme s'il avait été avéré qu'un homme ne pouvait être à la fois honnête et républicain, et de faire admettre aux électeurs des campagnes, par un système d'ingénieux sous-entendus et de réticences habiles, que le gouvernement du quatre septembre était l'auteur de tous nos maux, tandis qu'au contraire il avait fait les plus grands efforts pour y porter remède.

Les élections du mois de février, qui ont donné naissance à l'Assemblée nationale actuelle, se firent en partie sous cette influence néfaste.

Mais la cause de la République, la cause du gouvernement de la France par elle-même, semblait devoir se relever par les moyens mêmes sur lesquels on comptait le plus pour lui porter le dernier coup. A peine réunie à Bordeaux, l'Assemblée se vit forcée, par la maladresse de M. Conti et de ses amis, de rejeter sur Napoléon III, dont la déchéance fut irrévocablement confirmée, toute la responsabilité de la guerre. C'était rendre à César ce qui appartenait à César.

Il se produisit un autre incident de nature à décon-

certer pour quelque temps les espérances des prétendants. On sait que les nobles causes ont le privilége
d'attirer parfois à elles, à un moment donné, leurs
plus puissants adversaires, surtout lorsqu'à une grande
intelligence ils joignent beaucoup d'honnêteté.
M. Thiers, la plus éminente personnalité de l'heure
présente, était l'espoir des factions monarchiques.
Elevé par le vote de ses collègues à la présidence du
Pouvoir exécutif, il comprit que la forme républicaine,
qui force un peuple à veiller sur ses propres destinées,
était la seule sous laquelle la France eut quelque
chance de se régénérer, et il s'engagea loyalement à
consacrer les dernières années de sa vie à l'affermis-
sement de la République. Quelques jours après, il
obtenait que l'Assemblée rapprochât de Paris le lieu
de ses séances, en venant se fixer à Versailles.

Malheureusement l'esprit d'hostilité contre Paris,
semé à plaisir dans les départements par les partisans
d'une restauration monarchique, avait porté ses fruits
et fait succéder à la séparation matérielle entre Paris
et la province, qui avait été l'un des grands malheurs
de la guerre, une séparation morale non moins regret-
table. Paris, à son tour, se montrait animé envers la
province d'une incurable défiance. Le transfert de
l'Assemblée à Versailles, obtenu à grand'peine par
M. Thiers, justement parce qu'il était un premier pas
dans le sens d'une réinstallation à Paris des pouvoirs
publics, fut interprété par les Parisiens tout autre-
ment. Paris y vit son arrêt de mort, la consécration
de sa décapitalisation définitive, lorsqu'il croyait avoir

mérité tout le contraire. Il y eut dans le peuple et jusqu'au sein des classes commerçantes un très grand mécontentement. On crut à une restauration prochaine, préméditée, concertée entre l'Assemblée et M. Thiers. Les Parisiens se dirent que le reste de la France était le maître de la subir, mais qu'eux étaient libres de la refuser et qu'ils ne l'accepteraient jamais. L'idée de Paris, ville libre, puisque Paris ne pouvait plus être ni la capitale de la France, ni même une ville de la République française, fit rapidement son chemin.

VII

Une Fédération politique ou plutôt sociale, non moins redoutable par son organisation savante que par la multiplicité toujours croissante de ses adhérents, l'*Internationale*, dont on avait déjà reconnu la main dans les troubles du Creuzot et dans la guerre civile suscitée en Angleterre par les fénians, crut le moment venu d'exploiter cette situation à son profit. Le but de l'Internationale, au fond, n'est autre que le renversement complet de la société actuelle et son remplacement par une autre société, basée sur la triple négation de Dieu, de la Famille et de la Propriété individuelle. Son moyen d'action est la dictature; son arme, la terreur. Mais pour réussir, elle prit un masque républicain, se posa en défenseur des droits de Paris méconnu, et sous couleur de s'opposer

à une restauration monarchique qui semblait immi-
nente (1), souleva contre le Gouvernement, sous les
yeux des Prussiens encore campés dans les forts de la
capitale, une partie des deux cent soixante bataillons
de la garde nationale, travaillés depuis longtemps par
ses affiliés.

La partie éclairée de la population, toujours préoc-
cupée de faire échec aux tendances réactionnaires
d'une fraction de la Chambre, ne comprit pas ou comprit trop tard la portée de ce mouvement. Sa première
idée fut de s'abstenir. Quelques jours après, quand
elle voulut réagir, il était trop tard. L'insurrection
était maîtresse de Paris et le drapeau rouge flottait
sur tous les édifices publics.

En même temps, le drapeau rouge était arboré à
Lyon, à Marseille, à Bordeaux, à Toulouse, sur cent
points différents du ·territoire. L'Internationale avait
étendu ses ramifications partout, et partout comme à
Paris elle avait l'habileté de se poser d'abord en
défenseur des droits de la nation contre les prétentions dynastiques.

Croit-on que Sa Majesté Charles X, par la grâce
de Dieu roi de France et de Navarre, et Sa Majesté
Louis–Philippe, roi des Français, eussent pu, même
en s'appuyant l'un sur l'autre, tenir tête à un pareil
orage ? Ne saute-t-il pas aux yeux qu'en moins de·

---

(1) « ..... Les grands coupables que nous avons eu à combattre, de quel
» prétexte abusaient-ils pour égarer les malheureux qui les suivaient? Ils leur
» disaient : la République est en danger... » — Discours de M. Thiers à
l'Assemblée nationale, séance du 8 juin 1871.

trois jours ils eussent été brisés comme verre, s'ils n'eussent préféré prendre, comme en 1830 et en 1848, la route de l'exil? L'expérience n'a que trop démontré, à différentes reprises, que les Français de nos jours, même monarchiques, se résignent difficilement à s'égorger les uns les autres, uniquement pour soutenir les prétendus droits d'une famille à l'hérédité de la fonction suprême.

Mais le Gouvernement était républicain. En d'autres termes, M. Thiers, élu par l'Assemblée nationale, représentait la France et non une dynastie. Ce fut sa force et son salut. Lui-même le comprit et nous devons lui rendre cette justice qu'il ne laissa échapper aucune occasion d'affirmer son dévouement à la république. Dès lors, tout ce qu'il y avait de républicains dans Paris et dans la France entière n'hésita pas à se ranger de son côté.

On vit bientôt à l'œuvre le nouveau Gouvernement de Paris, qui osa s'intituler, sans doute par dérision, *la Commune.* — Cette soi-disant Commune émanait d'une sorte de *Comité central* de la garde nationale, qui, lui-même, n'était qu'une délégation de l'Internationale, installée à l'Hôtel-de-Ville. Après avoir débuté par l'assassinat de deux généraux républicains, le Comité central, maître de Paris, jugea à propos de jouer la comédie du désintéressement. Il constitua donc la Commune, sous le couvert d'un semblant d'élections qui n'étaient qu'une odieuse parodie du suffrage universel. Alors commença à peser sur Paris une tyrannie effroyable, à côté de laquelle

pâlissent les souvenirs de 1793. Puis quand sonna
pour la malheureuse ville, après deux mois d'an-
goisses, l'heure décisive de la délivrance, quand la
France, ayant retrouvé son armée, pénétra enfin dans
l'intérieur de l'immense prison, Commune, Comité
central, bandits internationaux rassemblés de tous les
points du globe jetèrent le masque. Ils se résolurent
à parfaire en un jour l'œuvre de destruction universelle qui avait été ébauchée par la démolition de la
colonne Vendôme, et qui, dans leur pensée, devait
être poursuivie successivement. Leur préméditation à
cet égard est manifeste : pour ne pas conserver le
moindre doute, il suffit de se rappeler que la poudre,
le pétrole, ce nouveau feu grégeois dont la Prusse
avait fait la première un si triste usage, et les plus
terribles engins chimiques avaient été accumulés et
disposés, avec un art véritable, à l'intérieur des tem-
ples, des palais, des édifices publics et même des
maisons particulières. Nos soldats ont hâté leur marche et l'œuvre infernale n'a pu s'accomplir entièrement.
Mais le sang des prêtres, des magistrats, des plus
nobles victimes retenues comme ôtages a coulé à flots.
Mais les Tuileries, le Palais-de-Justice, l'Hôtel-de-
Ville, le Conseil d'Etat, le Palais-National, la Biblio-
thèque du Louvre, etc., etc , avec ce qu'ils renfermaient
d'œuvres d'art, de grands souvenirs, d'inappréciables
richesses, orgueil de Paris et de la civilisation mo-
derne, ont été réduits en cendres? Les Huns, les
Goths, les Vandales et tout ce que l'Asie et le Nord
de l'Europe ont vomi de barbares sur l'Occident, il y

a quinze siècles, avaient eu plus de respect pour la civilisation romaine!

VIII

Sur ces ruines encore fumantes, sur les cendres à peines refroidies des victimes de la guerre civile, déjà les factions dynastiques ont recommencé à agiter leur drapeau.

« La *fusion* est faite, nous dit-on. Bourbons et
» d'Orléans sont d'accord. Vous serez d'abord les
» sujets de celui-ci, puis les valets de celui-là. C'est
» marché conclu. Il ne reste plus qu'à régler le
» salaire des entremetteurs. »

Hé bien non, nous nous refusons à croire que la France se laisse, cette fois encore, abuser à ce point. Démembrée, ruinée, déchue de son rang dans le monde par la faute d'une dynastie, la France rendue à elle-même a eu la force de dompter la plus formidable insurrection sociale que l'Europe ait encore vue. Nous refusons de croire qu'elle consente à s'ensevelir dans son triomphe et à abdiquer de nouveau entre les mains d'une famille, qui s'appellerait Bourbon ou d'Orléans au lieu de s'appeler Bonaparte. Quoi, s'endormir encore! Après un pareil réveil, se laisser retomber en léthargie, tout en se berçant de l'idée qu'il est possible d'établir un ordre, une prospérité durables sur la monarchie, dans un pays où la foi monarchique est morte; sur l'hérédité du pouvoir, dans un pays où la loi même, la loi fondamentale, a déclaré tous les citoyens aptes à toutes les fonctions civiles et militaires sans autres distinctions que celles de leurs talents ou vertus ! Chercher à replacer le peuple le plus indépendant, le plus démocratique de l'Europe, sous le joug tant de fois secoué depuis 1789 des petits-fils de saint Louis ! N'est-ce pas, à proprement parler, *semer le vent pour récolter la tempête ?* « La République n'est pas en danger, a » dit M. Thiers, en s'adressant à la Chambre : je l'ai » nié pour mon compte et pour le vôtre. . . . Mais je » regarde comme indispensable de ne pas fournir, » sous aucun rapport, l'ombre même d'un pré- » texte (1) ».

Ainsi c'est le Chef du Pouvoir exécutif qui nous le déclare, le maintien de la République est le seul moyen d'arriver à la pacification des esprits, à la reprise du travail.

D'ailleurs l'Internationale, écrasée une première fois à Paris, n'a pas abdiqué. Déjà, nous dit-on, elle prépare sa revanche. Pour la combattre, pour déjouer ses projets, la vigilance, l'union de tous les bons

---

(1) Discours de M. Thiers, séance du 8 juin. — Nous devons avertir le lecteur que le sens des déclarations si importantes de M. Thiers a été altéré, avec une partialité évidente, dans le compte-rendu très sommaire reproduit par un certain nombre de journaux. Ainsi l'on fait dire à M. Thiers : « Je *voudrais* » donner à mon pays la monarchie constitutionnelle d'Angleterre... » M. Thiers a dit : « Dans la mesure de mes forces, j'ai travaillé quarante ans à assurer à » mon pays, *sans pouvoir y réussir*, la monarchie constitutionnelle d'Angle- » terre. » — Et ainsi pour tout le reste du discours. Telle est la bonne foi des partis.

citoyens sont indispensables. Laissons au contraire s'introduire parmi nous cet éternel ferment de discorde qu'on appelle la Majesté ou plutôt l'Insolence (1) impériale ou royale, et nous sommes perdus.

Nous ne pouvons, il est vrai, nous dissimuler qu'un des plus regrettables défauts de notre caractère national consiste dans l'excessive mobilité qui nous fait passer trop facilement, en politique comme en toutes choses, d'un extrême à l'autre. Si nous n'y prenons garde, si nous ne parvenons à maîtriser en nous cette fâcheuse tendance, sans doute une restauration nouvelle est à craindre, suivie d'une autre révolution et ainsi de suite.

Pour conjurer ce danger, c'est à l'élément conservateur que nous ferons appel.

IX

Dans tous les temps et sous toutes les latitudes, les hommes au point de vue politique peuvent se partager en trois catégories bien distinctes, dont la première aime à se tourner vers le passé, la seconde vers le présent et la troisième vers l'avenir.

Les hommes de la première catégorie sont les *réactionnaires* ou *rétrogrades* « auxquels, dit un » vieil auteur, toute innovation semble mauvaise et » même coupable. Tout ce qui n'est point le fac-simile

____

(1) Qu'on ne voie dans nos paroles aucune intention blessante à l'égard des princes. Nous jugeons leurs prétentions, non leurs personnes.

» du passé, ils le condamnent. » Il est inutile d'ajouter que les réactionnaires n'aspirent qu'à nous rendre la monarchie.

La troisième catégorie comprend les *républicains avancés*, qui voudraient voir disparaître en un jour la guerre, la peste, la misère, tous les fléaux, et s'établir en un instant la république universelle. Ces esprits généreux, mais peu pratiques, n'ont du reste rien de commun avec ce qu'on nomme en province les hommes du parti *rouge*, lesquels sous prétexte de progrès, voudraient nous ramener à la barbarie par le communisme : la plupart d'entre eux se parent du titre de *républicains*, à peu près comme certains personnages tarés, aux premiers temps du christianisme, se paraient du nom de *chrétiens* (1).

Enfin dans la catégorie intermédiaire se placent les *conservateurs* dont le rôle doit être de se tenir à égale distance des deux pôles opposés, de relier le passé à l'avenir, d'assurer le présent.

Il ne saurait être question ici d'une secte particulière et heureusement assez restreinte de politiques, que M. de Lamartine, le grand orateur auquel la France doit d'avoir été préservée du drapeau rouge en 1848, a flétris du nom de *conservateurs-bornes*, parce que leur idéal est une sorte d'immobilité absolue, assez semblable à celle des Chinois ou des Turcs de la vieille école.

Nous voulons parler des *conservateurs libéraux*, de cette classe si nombreuse d'esprits intelligents,

(1) On peut consulter à ce sujet les écrivains latins des premiers siècles.

modérés et pratiques, qui ont fait dire de la France, représentée par une Assemblée nationale librement élue, qu'elle n'est ni à droite avec la réaction, ni à gauche avec le progrès violent, mais bien qu'elle est *centre gauche.*

Conservateurs, le sort de la France est aujourd'hui dans vos mains. C'est à vous de la maintenir en équilibre entre les prétentions surannées des restaurateurs de dynasties (1) et les aspirations parfois imprudentes des républicains avancés. Vous le pouvez si vous le voulez, car vous êtes le plus grand nombre et vous avez pour vous le sang-froid, l'impartialité, l'esprit de conciliation qui manquent presque toujours aux partis extrêmes. L'union, sans laquelle la France ne saurait se préserver de la guerre civile et ne pourrait par conséquent reprendre dans le monde ni son rang politique, ni son rang industriel et commercial, cette union si désirable ne peut être assurée que par vous. Malheureusement l'activité, la vigilance vous font trop souvent défaut. En 1792, en 1848, c'est votre abstention qui a empêché la République de s'asseoir définitivement sur notre sol. Une occasion se présente aujourd'hui, peut-être pour la dernière fois de réparer

(1) L'adhésion du comte de Paris à la lettre si maladroite du comte de Chambord et à la monarchie traditionnelle n'est plus un mystère. Les orléanistes, ceux du moins qui s'honorent de faire passer les principes avant les personnes, peuvent-ils, à l'heure qu'il est, conserver la moindre illusion à l'endroit des petits-fils de Louis-Philippe? — Entre les principes de 1789 et ceux du droit divin, qu'ils choisissent donc. Tous ceux qui n'ont aucun motif personnel pour désirer une restauration, doivent aujourd'hui se sentir républicains.

cette faute. Le plus illustre d'entre vous, le Chef du Pouvoir exécutif de la République, M. Thiers, vous montre l'exemple :

« Cet homme que Cicéron semble avoir prévu lors-
» qu'il a dit : ce sont les jeunes gens qui proclament
» les républiques, ce sont les vieillards qui les fon-
» dent, cet homme a certainement rêvé d'établir la
» République en France, c'est-à-dire de faire ce que
» Mirabeau n'a pas eu le temps, ce que Robespierre
» n'a pas eu le pouvoir de faire; cet homme a demandé
» au ciel quatre ou cinq années d'existence, de santé,
» de pouvoir et de lucidité pour léguer à ce pays
» toujours oscillant et meurtri cette forme anonyme
» et définitive à laquelle nous revenons toujours
» d'instinct, comme si nous sentions que, malgré tout,
» la vérité est là; oui cet homme a fait ce rêve,
» interrompu de temps en temps par cette réflexion :
» Ah? si j'avais vingt ans de moins (1). »

Nous tous qui avons le bonheur d'être plus jeunes que M. Thiers, mais auxquels manque, non l'honnêteté, non la volonté d'être des hommes, mais la longue et incomparable expérience de ce vétéran de nos révolutions, quelque soient nos revers, nos positions ou nos fortunes, rallions-nous autour de lui ; encourageons-le, soutenons-le, suivons-le. Et si nous voulons remplir le vœu suprême de ce vieillard, qui tient dans ses mains les destinées de notre malheureuse nation, préparons-lui de dignes continuateurs.

____

(1) Alexandre Dumas fils. Lettre au *Nouvelliste de Rouen.*

La tâche est grande et belle. Il s'agit de nous unir pour panser les plaies saignantes de la patrie ; pour relever les finances, l'industrie, le commerce ; pour fonder la liberté sur l'ordre et le respect des lois ; pour replacer l'enseignement sur sa base éternelle, qui est la morale. Il s'agit de nous accoutumer une fois pour toutes à nous diriger nous mêmes, en nous passant du funeste appareil des Cours.

Français, ajouterons-nous encore, Metz et l'Alsace, momentanément séparés de nous, observent avec anxiété la marche que nous allons suivre. Il s'agit de former une génération capable de venger un jour, sur les fils des Prussiens d'aujourd'hui, le désastre de Reischoffen et la honte de Sedan.

X

Que d'hommes à Abbeville qui pensent comme nous, qui nous l'ont dit tout bas et qui n'osent le répéter tout haut ! Hé bien, que ces hommes se groupent, qu'ils s'entendent, qu'ils s'intitulent hardiment le parti républicain conservateur. Que fermes à leur poste, résolus à accomplir jusqu'au bout leur tâche, ils ne se laissent intimider par aucune calomnie, décourager par aucun obstacle passager ! Qu'au jour des élections ils se fassent les soutiens du candidat le plus honnête, le plus sérieux, le plus décidé à mettre l'intérêt du pays au-dessus des mesquines préoccupations de l'intérêt personnel ! Si ce mouvement se généralise dans les villes, s'il s'étend des villes aux bourgades, et des bourgades aux hameaux, nous pouvons prédire, sans être prophéte que, Dieu aidant, la France sera sauvée, la République fondée et l'ère des révolutions close pour toujours.

Abbeville, Juin 1871.

Abbeville. — Imp. J. Gamain.

www.ingramcontent.com/pod-product-compliance
Lightning Source LLC
Chambersburg PA
CBHW051343060726
47596CB00004B/1744